AF500331

MÉMOIRE

DE

JEAN-CLAUDE MOULIN

DE SAINT-GENIS-LAVAL,

Proscrit de 1817,

A ses Concitoyens,

SUIVI DES

PIÈCES JUSTIFICATIVES.

Voyez, et jugez.

LYON. — 1832.

Lyon. — Impr. de G. Rossary,
r. S-Dominiq. n. I.

Mémoire

DE

JEAN-CLAUDE MOULIN

DE SAINT-GENIS-LAVAL,

Proscrit de 1817.

Quinze années se sont écoulées depuis la douloureuse époque où Lyon et ses campagnes devinrent le théâtre de sanglantes exécutions.

Les autorités civiles et militaires s'accusèrent mutuellement de la part plus ou moins grande que chacune d'entre elles avait prise aux perfides machinations par lesquelles elles espéraient justifier tant de rigueurs.

Plusieurs libelles dénoncèrent des faits où la vérité fut altérée, et celui du sieur Senneville, lieutenant-général de police, abonde de détails remplis d'inconséquences, et la plupart ne sont fondés que sur des présomptions : il poussa l'impudeur jusqu'à supposer que je pouvais avoir eu des relations avec mes ennemis les plus acharnés ;

et, par ce doute imprudemment avancé, il me compromit dans l'opinion de mes concitoyens. Mais peu scrupuleux dans le choix de ses moyens, ayant besoin de s'en créer de toute espèce, pour l'attaque qu'il dirigeait contre son adversaire, le général Canuel, il ne craignit pas d'abuser de sa haute position pour m'envelopper (moi pauvre proscrit), dans ses mensonges, bien sûr que ma sécurité m'imposerait l'obligation de me taire et de les souffrir.

Je me suis tu trop long-temps, mais le moment est arrivé d'arracher le masque à l'imposteur et de le confondre par plusieurs circonstances antérieures ou postérieures aux mouvemens du 8 juin.

L'on verra si je pouvais être soupçonné d'avoir, au mépris de toutes les lois de la probité, joué le rôle infâme que m'attribuait le sieur Senneville.

Blessé dans ce que j'ai de plus cher, mon honneur, je satisfais, quoique tardivement, au besoin que j'éprouve de désabuser quelques-uns de mes concitoyens qui ont prêté trop légèrement l'oreille aux bruits que firent naître les suppositions et l'insigne mauvaise foi du sieur Senneville.

Je n'ai plus rien à craindre en me livrant aujourd'hui à l'aveu de tous les faits auxquels j'ai participé; je le ferai avec franchise et observerai la plus exacte vérité dans les détails des vexations que l'on me fit éprouver dès l'année 1814.

Les débats des diverses procédures instruites devant la Cour prévôtale et la Cour royale du département du Rhône ont prouvé que les mouvemens isolés qui se manifestèrent dans quelques communes du département, furent provoqués par les agens des autorités qui voulurent précipiter une explosion qu'ils s'étaient mis en mesure de comprimer aussitôt qu'elle aurait lieu.

Leur but était de porter la terreur parmi les populations, et ils l'atteignirent par des assassinats juridiques dont on frappa un si grand nombre d'innocentes victimes.

J'ai besoin de rappeler qu'au mois de février 1816 une bande de misérables que d'anciens excès avaient rendus fameux, s'organisait à Lyon. Le nommé M. P. était l'un des chefs.

On se souvient des nombreux attentats dont les compagnies de Jésus s'étaient souillées; et pour s'en garantir, il se forma à Lyon une association composée en grande partie de ceux que les ultrà désignaient sous le nom de *fédérés*, et qui devaient les premiers être exposés à leurs coups.

Cette association, déjà nombreuse et qui eut sans doute fait payer cher aux agresseurs la tentative de leurs coupables projets, n'en resta pas moins unie après que ceux-ci en eurent abandonné l'exécution.

Les étrangers occupaient encore quelques points de la France ; les patriotes gémissaient sur les maux qui l'accablaient et eussent tout sacrifié pour la tirer de l'abaissement où elle était plongée. Chaque jour quelque nouvelle atteinte était portée aux droits politiques qui avaient servi de signal à la révolution. On espérait qu'en alimentant un esprit d'opposition à toutes les mesures anti-nationales qu'adoptait le gouvernement, on parviendrait à le ramener à un système plus en harmonie avec les vœux de la nation.

Des rapports s'établirent avec Paris ; des correspondances me furent confiées par des patriotes lyonnais, dont je pourrais invoquer le témoignage, si je ne m'étais imposé le devoir de ne nommer personne.

Les lettres, dont j'ignorais le contenu, furent remises à leurs adresses à Paris, et les réponses rapportées. J'eus par-là occasion de voir plusieurs personnages dont le rang, le caractère et les antécédens me garantissaient le patriotisme : ils me répétèrent que tout mouvement partiel compromettrait la cause pour laquelle on se liguait ; qu'il était important d'user de prudence et de tempérer l'exaltation des esprits.

On a acquis la preuve incontestable qu'il existait à Lyon, long-temps avant le 8 juin, plusieurs polices : celle du maire, du préfet, du général Canuel et du lieutenant-général de police Senneville. Celui-ci dans un compte-rendu des événemens du 8 juin confirme les manœuvres infâmes qu'employa le général Canuel pour exciter une explosion, trouver des coupables et fonder une nouvelle terreur.

Toutes les têtes étaient dans une fermentation

difficile à décrire ; chacun appelait de ses vœux un changement de système. Des agens se répandirent parmi ceux qui étaient reconnus pour les plus exaltés et les plus imprudens ; ils affectèrent les mêmes opinions, excitèrent l'amour-propre de quelques-uns, exagérèrent les moyens de réussite, et représentèrent les hommes prudens dont on leur opposait les conseils, comme des êtres pusillanimes qui ne savaient point agir. Ils se nommèrent chefs, et plusieurs de ces agens enveloppés dans la procédure ont dissipé par leurs révélations tous les doutes sur le rôle de provocateurs qu'ils avaient consenti à jouer, pour multiplier par leurs dénonciations le nombre des victimes. La grâce que leur accorda la Cour prévôtale les a suffisamment dévoilés et flétris.

Les écrits répandus par les Canuel, Senneville et consors ont débité tant de mensonges, qu'au milieu de ces récits contradictoires il a été difficile de saisir la vérité, et l'opinion publique flotte encore incertaine sur plusieurs faits.

L'un des plus graves reproches qu'ait à se faire M. Senneville en me faisant figurer dans sa brochure, c'est d'avoir attenté à l'honneur d'un citoyen qu'il ne vit et ne connut jamais.

Certain qu'il était que ma position m'ôtait tous les moyens de confondre ses calomnies, il n'a pas hésité d'élever des questions, qui, bien qu'elles fussent présentées sous le voile du doute, n'en ont pas moins contribué (vu la source d'où elles émanaient), à éveiller sur ma moralité, des soupçons injustes de la part de ceux qui connaissaient peu mes antécédens. Ceux qui savent tout ce que j'ai supporté d'actes arbitraires et de persécutions, long-temps avant le 8 juin, ont acceuilli avec mépris ces moyens diffamatoires qu'avait employés le sieur Senneville. Ceux-là ne trouveront rien d'extraordinaire que j'aie employé tous les moyens possibles pour me soustraire aux recherches de l'autorité, et je ne dois qu'aux précautions que j'ai prises moi seul, le bonheur d'avoir échappé à tant de piéges que l'on m'a tendus, et d'être sorti sain et sauf des poursuites qui n'ont pas cessé contre moi pendant 18 mois.

Lorsque M. Senneville *composait* sont compte-rendu, il ignorait sans doute les persécutions que j'avais éprouvées.

Le 21 mars 1814, lorsque l'ennemi occupa Lyon et les environs, j'avais suivi l'armée française jusqu'à Valence avec mon épouse; je revins le 17 avril à St-Genis, que les Autrichiens occupaient. Le lendemain 18, le garde-champêtre de la commune vint m'avertir que le maire Dugas et son adjoint Puy avaient à me parler: je m'y rendis sans défiance.

Des agens de police de Lyon, mandés et rétribués par eux, étaient appostés dans la salle d'audience, et sans aucune formalité, après maintes apostrophes outrageantes, ils me firent saisir et conduire à Lyon, à la prison de St-Joseph, où je fus écroué sur un ordre du préfet Cotton, à la date du 18 avril 1814, sous le prétexte spécieux que je troublais l'ordre public. Le 30 du même mois je fus mis en liberté sans interrogatoire. (PIÈCE N° 1.)

Depuis cette époque jusqu'aux cent jours, des visites domiciliaires nocturnes furent faites plusieurs fois dans ma maison.

Les mêmes actes se renouvelèrent à la seconde occupation étrangère.

Le 30 novembre 1815, le maire de St-Genis donna l'ordre à quatre gendarmes de m'arrêter dans mon domicile ; je résistai contre une telle violence, les gendarmes furent culbutés, mais il fallut fuir et abandonner ma famille. De retour après quatre mois d'absence, les persécutions recommencèrent : le nouveau maire me signifia de fermer mon auberge ; cet ordre inique, auquel il fallut obtempérer, devint le signal de ma ruine.

Les événemens de Grenoble survenus en 1816 servirent de prétexte à de nouvelles visites nocturnes ; les ultrà royalistes de ma commune ayant le maire à leur tête, fournirent encore à diverses reprises des preuves de leur beau zèle à contribuer aux vexations dont on m'accablait.

Je résolus de me soustraire à tant d'arbitraire.

Une place me fut offerte en octobre 1816 ; je devins conducteur des cabriolets de la maison Chenaud, correspondans avec Paris : mon dernier départ de Lyon s'effectua le 18 avril 1817, et le 29 j'étais de retour ; c'est alors que l'entreprise suspendit ses voyages sur la route de Paris, me faisant espérer néanmoins que le service ne tarderait pas à reprendre son cours.

MM. Chenaud cédèrent leur entreprise à M. Doriel de Paris, qui fit de mauvaises affaires et faillit : mon cautionnement fut perdu, et l'unique ressource sur laquelle je comptais, se trouva anéantie.

Les événemens du 8 juin eurent lieu : les nombreuses arrestations qui se firent à St-Genis et aux environs répandirent partout la terreur : personne ne se crut en sûreté. Je me mis aussitôt en mesure d'éviter une arrestation que je regardais comme certaine, après les anciennes persécutions que j'avais essuyées.

Cédant aux appréhensions de ma famille, je vins chercher un refuge à Lyon, chez un ami demeurant place du Petit-Collége : c'est là que je formai la résolution de quitter la France.

La maison Pupier et Gruardet, qui avait un service de diligence établi sur la route de Bordeaux, s'empressa de me fournir tous les moyens en son pouvoir pour atteindre un port de mer.

Cette maison me confia, le 26 juin, la conduite de sa diligence, et y ajouta l'éminent service de me munir de lettres de recommandation pour ses correspondans de Libourne, MM. Durand Desgranges, commissionnaires de roulage.

Je fus accueilli avec toute la bienveillance que je pouvais attendre de négocians aussi respectables. Je partis de Libourne pour Blaye, accompagné par M. Durand Desgranges jeune, fermement résolu à m'embarquer sur le premier bâtiment qui se présenterait; par malheur aucun ne se trouvait sur son départ.

Etranger dans une ville où mon séjour pouvait exciter des soupçons en l'y prolongeant, mes protecteurs me conseillèrent de revenir chez eux, à Libourne, où ils voulaient me retenir; je résistai à leurs offres généreuses, et résolus de partir pour Lyon. Voilà quel fut l'emploi du temps qui s'écoula depuis le 8 juin jusqu'au 7 juillet, jour de mon arrivée.

Le sieur Senneville m'a supposé à St-Genis dans l'intervalle du 8 juin au 26, et fait valoir cette circonstance comme une preuve de la protection que m'accordait l'autorité militaire, dont il se rend l'accusateur dans son écrit. Tant d'impudeur donne la mesure de la confiance que l'on doit ajouter à ses récits, tandis que c'est à Lyon que je restai caché du 9 au 26 juin, jour de mon départ pour Bordeaux, sans que l'autorité militaire ni la sienne eussent le moindre soupçon de mon éloignement.

Dans l'intervalle une assignation pour comparaître comme témoin devant la Cour prévôtale m'avait été signifiée à mon domicile à St-Genis. Mon épouse ne sachant comment y répondre se présenta chez le sieur Puy (maire de la commune), pour y prendre ses conseils; il lui demanda où j'étais, et, sans défiance, elle avoua que j'étais à

Bordeaux: Eh bien! lui dit-il, présente-toi à la Cour prévôtale, et fais-en la déclaration. Son avis fut suivi et on lui répondit que j'eusse à me présenter dès mon arrivée. Combien de témoins, dupes de leur bonne foi, sont allés figurer au banc des accusés! c'est à quoi je devais m'attendre.

La déclaration de mon épouse dut me faire redoubler de vigilance, puisque ma trace était découverte, et l'on verra bientôt qu'elle importance on mit à s'emparer de moi.

Je dois auparavant repousser un fait que le sieur Senneville a méchamment avancé, et dont je lui donne le démenti formel, et que je prouverai plus tard par les détails de mon arrestation à St-Just, le 26 avril 1818.

Il prétend que c'est par les soins de l'autorité civile que je fus arrêté; c'est au zèle de ce gendarme Gauthié auquel j'avais échappé à Vaise, qu'elle est due, et qui fut aidé d'une escouade de ses camarades.

Si l'ordre de me transférer à Roanne a été signé par M. de Permont, ce fut quelques instans après mon arrestation; cet ordre était indispensable à une époque où les temps étaient bien changés, et où l'autorité civile avait repris tous ses droits.

La digression que j'ai faite dans mon récit me dispensera d'exhaler toute l'indignation que m'inspire la mensongère narration de ce fameux chef de la police de Lyon; elle me ramène au 7 juillet, jour auquel j'arrivai dans l'après-midi par la route de Bordeaux.

Trois gendarmes stationnaient depuis dix ou douze jours sur la grande route, à la descente de la Demi-Lune, dans une auberge vis-à-vis le chemin qui conduit à Ecully. Aucune diligence n'était exempte de visite de leur part, et ils exigeaient l'exibition des passe-ports de chaque voyageur.

La diligence parvenue en cet endroit, ils firent arrêter le postillon, demandèrent le conducteur; j'étais dans le cabriolet, et sans en descendre, je leur présentai ma feuille de route qu'ils lurent : ils me demandèrent mon nom; lorsque je leur eus dit que je m'appelais Moulin, ils me la rendirent; et s'étant fait représenter les papiers de chaque voyageurs, ils revinrent à moi et me réclamèrent de nouveau mon porte-feuille, que je leur tendis; ils ordonnèrent alors au postillon de conduire la voiture au pas.

Tout autre que moi eût été immédiatement saisi; mais les gendarmes, (et surtout le maréchal-des-logis Gauthié) n'ignorant pas avec quelle vigueur j'avais accueilli 4 gendarmes de la brigade de St-Genis, lorsqu'en novembre 1815 ils étaient venus pour m'arrêter, craignirent sans doute que leur tentative ne leur devînt funeste sur une grande route, car j'étais pourvu de moyens de défense et disposé à en faire usage, à la dernière extrémité, pour m'arracher de leurs mains.

La voiture s'acheminait lentement, lorsque le

sieur Bonnet, maître de poste d'Izeron, qui la conduisait, impatienté de voir les chevaux tout couverts de sueur, s'écria : Conducteur ! faites monter ces messieurs dans la diligence pour ne pas nous retarder ; la proposition fut acceptée, et le maréchal-des-logis prit place dans l'intérieur, les deux gendarmes suivirent. (Pièce n° 2.)

Pendant le trajet divers moyens s'offrirent à mon imagination, tous me présentaient peu de réussite, prévoyant que si je parvenais à la barrière de Vaise les gendarmes auraient indubitablement recours au poste pour se faire prêter main-forte ; je pris ma résolution près du port Mouton, et laissant tomber ma casquette, je criai au postillon d'arrêter ; je m'élance aussitôt du cabriolet, et courant à toutes jambes par la rue qui aboutit au bas du chemin de Loyasse, je me jette dans une petite bicoque appartenant à la veuve Battet, près de la barrière du chemin qui conduit à St-Just.

Les trois gendarmes, la brigade de Vaise et les agens de police se mirent sur mes traces. Leurs recherches furent infructueuses ; ils me crurent caché dans le faubourg, tandis qu'après un quart d'heure de repos dans la maison de la veuve Battet, gagnant rapidement les hauteurs, je me refugiai dans une pépinière, et ayant escaladé le mur du cimetière de Loyasse, je feignis (afin de n'éveiller aucun soupçon, dans le cas où je serais aperçu), de prier auprès de quelques monumens qui y sont élevés. Les portes se fermèrent, et j'attendis minuit pour m'éloigner par le même chemin de cette funèbre retraite.

Je dirigeai mes pas vers St-Just, et de là à Champagne ; ma fuite devint dans cette nuit même un motif de sévères perquisitions à mon domicile à St-Genis, par le sieur Puy, maire de la commune, escorté d'un escouade de gendarmes.

A St-Just, chez la veuve Flichet ma sœur, les murs de clôture de son jardin furent escaladés et on lui signifia, au nom de la loi, après avoir investi sa maison, d'en ouvrir les portes. Depuis deux heures du matin jusqu'à quatre, vingt gendarmes ou agens de l'autorité fouillèrent dans tous les coins, soit chez elle, soit chez ses locataires.

Cette même troupe se porta aussitôt chez le sieur Clément, au Chemin-Neuf, chez la veuve Terras et les frères Trouilleux, qui, les uns et les autres, m'avaient donné asile à une époque antérieure.

Le 8, dans le courant de la journée, M. Freydon mon oncle, et mes cousins résidant à Miribel, mes cousins Moulin habitans St-Laurent-de-Mure, éprouvèrent de semblables visites domiciliaires, faites par la gendarmerie.

L'extrait des minutes du greffe de la Cour royale (Pièce n° 3), renferme les déclarations faites devant la Cour prévôtale, par Oudin, Barbier, Volozan et Taisson. Les charges que leurs aveux accumulèrent sur moi, entraînaient la peine capitale, et nul doute que je n'eusse augmenté le nombre de victimes déjà immolées, si mon sang-froid ne m'eût sauvé dans cette périlleuse circonstance.

Je savais qu'une somme de 4000 fr. avait été promise pour celui qui procurerait mon arrestation: que l'on juge des précautions que je dus prendre pour me soustraire au danger de ma position.

Pendant dix mois je fus caché tantôt à Champagne près St-Just, à Oullins, Brindas, Grézieux-la-Varenne et St-Laurent-de-Vaux. C'est près de ce dernier village que pendant 56 jours j'habitai une fagotaille au milieu d'un bois situé à Château-Vieux, près d'Izeron.

De là je vins me cacher à St-Genis, dans mon propre domicile, les premiers jours de janvier 1818, changeant de temps en temps de refuge. En septembre 1817, mon épouse avait adressé une requête au grand prévôt pour le prier de suspendre les poursuites que l'on continuait contre moi; le maire de St-Genis reçut de lui, le 24 septembre, la réponse. (Pièce n° 4.)

Craignant que mon séjour à St-Genis ne fût découvert, je me déterminai le 26 avril 1818 à me réfugier à St-Just, chez la veuve Flichet ma sœur; son domicile ne tarda pas à être envahi par quatorze gendarmes déguisés, à la tête desquels figurait le maréchal-des-logis Gauthié, auquel j'avais échappé le 7 juillet dans le faubourg de Vaise. Quoiqu'il n'eût aucun ordre pour m'arrêter, furieux des reproches que lui avait valu de la part de ses chefs mon évasion, et, jaloux de se réhabiliter auprès de ses camarades, dont il avait essuyé de fréquentes plaisanteries, il me surprit chez ma sœur, et j'y fus cerné.

Seul je soutins une longue lutte contre une force aussi disproportionnée; le poste militaire des portes de St-Just vint encore se joindre aux assaillans. Je fus blessé de deux coups de poignard au bras gauche, d'un coup de baïonnette au bas-ventre, et d'un coup du chien d'un pistolet qui me fut asséné sur la tête; on me jeta dans le corps-de-garde, et m'emparant alors d'un fusil je croisai la baïonnette, et tout couvert de sang je capitulai, et me rendis sous la promesse que l'on me fit que je serais conduit libre, sur ma parole d'honneur de suivre le commissaire.

Les premiers secours portés à mes blessures me furent administrés par M. le docteur Chinard, suivant son certificat. (Pièce n° 5.)

Escortés par de nombreux gendarmes qui ouvraient et fermaient notre marche, nous arrivâmes au bureau du commissaire de police Richard, place du Gouvernement, où nous nous arrêtâmes. Les sieurs Richard et Gauthier allèrent immédiatement réclamer au lieutenant-général de police M. de Permont, un ordre d'écrou pour me déposer à la maison de Roanne. Pendant leur absence, le commandant de la gendarmerie Petit, qui avait été instruit de mon arrestation, arriva comme un furieux et un lâche, l'épée nue à la main, insulter à un homme sans défense et couvert de blessures, qui ne pouvait plus leur échapper, après les plus basses injures il ordonna à ses sicaires de me lier et de me traîner à la prison de Roanne, mes vêtemens en lambeaux et presque nu; il m'accompagna lui-même et ordonna que je fusse jeté au cachot dans ce piteux état; à l'instant arrivèrent et les sieurs Richard et Gauthier, porteurs de l'ordre de m'écrouer sous la prévention d'avoir pris part aux mouvemens du 8 juin. (Pièce n° 6.) Voilà comment je me trouvai au pouvoir de la police civile, par les soins et la rage des agens de l'autorité militaire. Je fus interrogé par le juge d'instruction le 18 juin 1818. (Pièce n° 3). C'est par cette pièce que l'on pourra se convaincre si j'ai compromis par le moindre aveu aucun de mes coaccusés, et si c'est à moi que l'on devra jamais reprocher de la faiblesse et de la déloyauté. Cinq mois et demi s'écoulèrent dans une dure détention; chaque jour je voyais rendre à la liberté des condamnés qui purgeaient leur contumace; j'insistai vivement auprès de M. Courvoisier, procureur-général pour qu'un prompt jugement vînt mettre fin à mon anxiété; je n'en obtins que la réponse (Pièce n° 7). Si j'eusse cédé aux perfides conseils des chefs de l'autorité judiciaire, si dépouillant tout sentiment d'honneur, j'eusse consenti, d'accusé que j'étais à devenir révélateur, ma liberté m'était promise, et je la recouvrais aussitôt; je résistai, et après avoir langui jusqu'au 9 octobre, la chambre d'accusation prononça enfin ma mise en liberté.

Quelques-uns de mes coaccusés rassurés par mon arrêt d'absolution se constituèrent prisonniers pour purger leur contumace ; les sieurs Bertholat et Raymond, sans doute pour se rendre plus intéressans, renouvelèrent contre moi des dépositions qui me firent envelopper dans une nouvelle procédure (Pièce n° 8); pièce authentique et qui fournit la preuve de l'acharnement que plusieurs coaccusés mettaient à m'accabler pour se justifier; moyen peu généreux, et qui n'eût servi qu'à les compromettre si les rigueurs de la justice eussent été telles qu'en 1817.

Le 21 octobre 1818, les sieurs Bertholat et Raymond avaient été interrogés par M. le juge d'instruction ; leurs déclarations me valurent un nouveau mandat d'arrêt qui fut lancé contre moi par M. le procureur-général, et exécuté le 6 novembre dans mon domicile de St-Genis. (Pièce n° 6.) Je me vis enveloppé une seconde fois dans une procédure que j'avais crue terminée par l'arrêt de la chambre d'accusation du 9 octobre ; mais les révélations des sieurs Bertholat et Raymond, motivèrent un nouvel interrogatoire, devant M. Bastard-d'Estang, premier président de la Cour royale.

Cette Pièce (sous le n° 9), contient mes réponses aux charges qu'avaient fait peser sur moi les déclarations de Bertholat et Raymond ; si je n'avais nié et détruit leurs imprudens aveux, n'eussé-je pas encouru une peine qu'ils eussent peut-être partagée avec moi.

Mes interrogatoires prouveront à mes détracteurs mêmes que je n'ai jamais compromis, par aucun aveu, nul de mes coaccusés ou de mes accusateurs. Pourra-on m'en citer beaucoup qui aient montré une telle générosité, et qui aient répondu aux menaces de la justice avec le même courage?

Cependant des ennemis aussi irréfléchis qu'injustes sèment encore contre moi des bruits injurieux, dont je pourrais leur demander compte devant les tribunaux, si je n'étais retenu par la crainte de causer du scandale et de réveiller des haines. J'espère que la justification de toute ma conduite arrêtera leurs odieux mensonges, et servira à faire apprécier leur caractère.

La proscription n'avait pas suffi à mettre le comble à mes infortunes, les méchans ont voulu me rendre suspect à mes amis et tenté de m'enlever l'estime du plus grand nombre : ce bien si précieux pour moi ne me sera point ravi, et tant d'injustice, et de douloureux souvenirs ne changeront rien à la pureté de mes sentimens qui sont demeurés invariables.

Une commission fondée à Paris, dans l'intérêt des condamnés pour délits politiques sous la restauration, possède les pièces authentiques sur lesquelles j'appuie mon exposé. Sa réponse, (PIÈCE N° 10) prouvera à ceux chez qui la prévention ne serait point encore dissipée que cette commission, après toutes les investigations auxquelles elle s'est livrée sur mon compte, et après une scrupuleuse vérification de mes titres, ne m'aurait jamais adressé cette lettre honorable, si elle n'avait acquis la conviction que je suis sans reproches.

Signé MOULIN.

PIÈCES JUSTIFICATIVES.

N° 1.

Extrait des registres d'écroux déposés au greffe de la prison de St-Joseph à Lyon, chaussée Perrache.

Jean-Claude Moulin, âgé de trente-un ans, natif de Saint-Genis-Laval, département du Rhône, y demeurant, cabaretier, a été écroué en ladite prison, le 18 avril 1814, comme prévenu d'un délit tendant à troubler l'ordre public, par ordre de M. le Préfet du département du Rhône (provisoire), et déposé pour être détenu à la disposition de M. le Préfet provisoire, a été conduit, le 30 avril 1814, pardevant M. le Préfet du département du Rhône, et par son ordre.

Certifié conforme au registre, par moi, greffier à ladite prison, et délivré sur la demande dudit sieur Moulin, à Lyon, ce 3 novembre 1831. *Signé* DORIEL, *greffier.*

Vu par nous, juge au Tribunal civil de Lyon, pour M. le Président empêché, pour la légalisation de la signature du sieur Doriel, en la qualité qu'il a prise. Lyon, 4 novembre 1831. *Signé :* FAVRE et MALTRAIT, *juges.*

N° 2.

Je soussigné Jacques Bonnet, propriétaire et aubergiste à Izeron, canton de Vaugneray (Rhône), déclare, pour rendre hommage à la vérité, que : le 7 juillet 1817, conduisant la diligence de Bordeaux à Lyon, arrivé à la descente de la Demi-Lune près le chemin d'Écully, je fus sommé par trois gendarmes d'arrêter mes chevaux. Après avoir examiné les papiers des voyageurs, ils m'ordonnèrent de partir, et de conduire mes chevaux au pas. Les voyant couverts de sueur, et impatient d'arriver, je dis au conducteur de faire monter ces messieurs dans la voiture où il y avait place, afin de ne pas retarder les voyageurs : le maréchal-des-logis Gauthié accepta, et prit place dans l'intérieur, les deux gendarmes suivirent à pied.

Arrivé au port Mouton, j'entendis crier : *Arrêtez, postillon!* et au même instant le sieur Moulin, conducteur, disparut. Les deux gendarmes qui nous suivaient arrivaient, je les vis bientôt s'élancer à sa poursuite, et le maréchal-des-logis Gauthié s'écrier qu'il venait de laisser échapper le plus grand chef de la conspiration. — Je conduisis la diligence au bureau.

— A minuit, j'entendis frapper à la porte de l'écurie; j'ouvrais à peine, que je me sens saisi à la gorge, et riposte par un vigoureux coup de poing à celui qui m'avait atteint. Plusieurs agens de police se précipitent sur moi et m'entraînent à l'Hôtel-de-ville devant un de leurs chefs, qui en me voyant, leur dit : *Ce n'est pas lui.* On m'avait pris pour le sieur Moulin. — Le lendemain, 8 juillet, j'étais à peine arrivé chez moi, lorsque je vois entrer le brigadier de Duerne accompagné du maréchal-des-logis Gauthié; le premier me tirant à part, me dit : *Voulez-vous gagner cent louis? dites-nous où est Moulin.* Pour toute réponse, je lui dis : *Je ne suis pas marchand de chair humaine.* Le maréchal-des-logis Gauthié me supplia, et me dit : *C'en est fait de l'espoir que j'avais d'être fait lieutenant, si je ne parviens pas à arrêter Moulin, et je suis un homme perdu.* Ainsi se termina la visite. — En foi de quoi j'ai signé la présente déclaration, que j'atteste sur l'honneur être de la plus exacte vérité. A Izéron, le 25 septembre 1832.

Signé : Jacques BONNET.

N° 3.

Extrait des minutes du greffe de la Cour royale de Lyon.

INTERROGATOIRE DE JEAN-CLAUDE MOULIN.

Cejourd'hui, 18 juin 1818, nous, juge d'instruction, soussigné, avons fait extraire de la maison d'arrêt et traduire pardevant nous le prévenu ci-après nommé, que nous avons interrogé, assisté de notre greffier, ainsi qu'il suit :

D. Vos noms, prénoms, âge, état, profession, demeure, lieu de naissance ?

R. Jean-Claude Moulin, âgé de 35 ans, propriétaire, né et domicilié à St-Genis-Laval, départ[t] du Rhône.

D. N'étiez-vous pas au commencement de 1817 conducteur des cabriolets des frères Chenaud, desservant la route de Lyon à Paris ? *R.* Oui.

D. En cette qualité ou par office d'ami, n'avez-vous pas été chargé de quelques lettres de personnes de Lyon pour Paris, et de personnes de Paris pour Lyon à cette même époque ? *R.* Non.

D. En êtes-vous allé porter chez Mad. Delavalette à Paris, et de la part de qui ?

R. Je ne connais pas même cette dame.

D. Vous en a-t-elle remis à Paris pour les nommés Bonnand, Teysson, Joannard et autres, et les avez-vous rendues à leurs adresses ?

R. Je ne connais pas cette dame, personne ne m'a remis de lettres pour elle, ni elle pour personne.

D. N'êtes-vous pas allé chez elle, n'y avez-vous pas vu quelques généraux et causé avec eux?

R. Je ne connais pas cette dame, et ne suis point allé chez elle.

D. Pourquoi donc avez-vous dit à Lyon que vous étiez chargé de cette correspondance?

R. Je n'ai jamais parlé de cela.

D. Avez-vous eu connaissance avant le 8 juin 1817, du complot qui a éclaté dans les environs de Lyon ce jour-là?

R. En aucune manière.

D. Connaissiez-vous à cette époque les nommés Teysson, Bonnand, Marmet, Cochet, Barbier, Volozan, Joannard, etc?

R. De tous ces noms je ne connais qu'un nommé Bonnand, avec lequel j'ai travaillé dans la manufacture de papiers peints de M. Richoud à St-Genis-Laval.

D. Ne vous êtes-vous pas trouvé plusieurs fois dans des réunions avec ces individus? *R.* Non.

D. Ne vous y êtes-vous pas trouvé notamment plusieurs fois chez la veuve Loison, traiteur, rue Pisay?

R. Je ne connais pas même cette maison là.

D. N'avez-vous pas annoncé aux susdits individus, que vous aviez vu chez Madame Delavalette, à Paris, deux généraux qui vous avaient dit que l'affaire n'était pas assez avancée; que lorsqu'il en serait temps, ils se mettraient à la tête, mais qu'en attendant, ils ne voulaient pas porter la leur sur l'échafaud; que madame Delavalette vous avait dit qu'il ne fallait plus compter sur les généraux, qui les uns étaient trop âgés, les autres trop fortunés, et qu'ils voulaient se tenir derrière le rideau?

R. Je n'ai jamais parlé de cela.

D. Connaissez-vous les nommés Jacquit et Burdel? *R.* Non.

D. Avez-vous connu le capitaine Oudin?

R. Oui, mais indirectement, n'ayant jamais été de sa société.

D. Avant le 8 juin, ne lui avez-vous pas fait quelques propositions relatives au complot?

R. J'étais brouillé avec lui depuis un mois à l'époque du 8 juin, par suite d'une dispute de cabaret.

D. Mais avant cette dispute, ne lui aviez-vous pas fait quelques propositions?

R. Je n'ai jamais vu Oudin que le dimanche à la partie de boules, ou au cabaret après la partie; et je n'ai jamais eu occasion de parler particulièrement avec lui.

D. Cependant Oudin a expliqué que c'était vous qui lui aviez fait les premières propositions; que vous lui aviez offert le grade de chef de bataillon parmi les insurgés; que vous lui annonçâtes que vous étiez chargé de la correspondance des généraux; enfin, que ce fut vous qui le mîtes en rapport avec Burdel et Jacquit, chefs connus de l'insurrection ?

R. Je n'ai jamais parlé de cela à Oudin; il est évident qu'il n'a dit cela que dans l'espoir de se sauver, ou par animosité, suite de la dispute que nous avions eue ensemble.

D. Il est expliqué par Oudin que vous vîntes lui annoncer, le samedi 7 juin, que le mouvement devait s'opérer le dimanche à cinq heures du soir; que vous lui dites, que pour en être plus sûr, vous iriez à Lyon le dimanche matin; que vous y vîntes en effet, et qu'au retour vous lui confirmâtes que l'attaque aurait lieu définitivement à l'heure indiquée; enfin, il a affirmé qu'il ne vous avait pas quitté de toute cette journée, jusqu'au moment où on annonça qu'il se faisait un mouvement dans la commune de Brignais.

R. Tout cela est faux, à l'exception seulement du voyage à Lyon; j'y vins en effet le dimanche 8 juin. J'avais reçu l'avant-veille un billet de Louis Bardin, boulanger, demeurant alors rue de la Vieille-Monnaie, qui m'invitait à venir à Lyon prendre des arrangemens au sujet d'un billet de 400 fr. qu'il m'avait négocié, que j'avais négocié à mon tour au sieur Baudran, vinaigrier, place des Jacobins, qui n'avait point été payé à l'échéance, et pour lequel on n'avait point obtenu jugement au Tribunal de commerce, soit contre les souscripteurs, soit contre Bardin et moi, endosseurs. Les pièces étaient entre les mains de l'huissier Letellier. Nous prîmes ce jour-là nos mesures et nous nous sommes réglés du 16 au 20 juin. J'étais de retour à St-Genis avant neuf heures du matin.

D. Vous n'avez donc pris aucune part aux évènemens du 8 juin, soit dans l'insurrection, soit dans les faits qui l'ont précédée, préparée, accompagnée ou suivie ? *R.* Non.

D. Si cela est ainsi que vous le dites, pourquoi donc, le 10 juillet suivant, vous êtes-vous évadé des mains de la gendarmerie, en abandonnant la voiture publique qui était confiée à vos soins, et dont vous étiez le conducteur ?

R. M. Puy, alors maire de St-Genis-Laval, m'en voulait pour une querelle particulière que nous avions eue long-temps auparavant; il avait refusé de viser mon passeport à l'époque de mon départ, j'étais d'une commune qui avait pris part à l'insurrection. Quoique les gendarmes ne m'eussent pas dit que leur projet était de m'arrêter, je le présumai; je pris peur et me sauvai, par le sentiment bien naturel de conserver ma liberté, que j'étais menacé de perdre. Mon évasion a eu lieu le 7 juillet, et non le 10. — Plus n'a été interrogé.

Lecture à lui faite dudit interrogatoire, a dit ses réponses contenir la vérité, y a persisté, et a signé avec nous.

Ainsi signé : MOULIN, BALLEYDIER, et BIÉ.

Pour copie conforme délivrée au sieur Moulin, sur sa demande. *Signé :* P. CINIER, *greffier.*

Vu par nous, premier Président à la Cour royale de Lyon, pour légalisation de la signature de M. Ponthus, Cinier, ès qualité par lui prise. A Lyon, le 24 décembre 1831.

Signé : comte DE BELBEUF.

N° 4.

MONSIEUR LE MAIRE,

J'ai reçu une demande de la femme Moulin, qui dans la supposition que son mari est innocent, réclame la suspension des poursuites dirigées contre son mari.

Il paraîtrait, d'après les déclarations de plusieurs accusés, que Moulin aurait été chargé de la correspondance que ces accusés entretenaient avec Paris; dans ce cas il ne serait pas innocent : mais s'il se décidait à révéler tout ce qu'un pareil emploi a pu lui apprendre d'important, l'importance de ces déclarations pourrait lui mériter la remise de la peine qu'il aurait encourue.

Je vous prie de communiquer ma lettre à la femme Moulin. Son mari est trop chargé dans la procédure pour pouvoir espérer qu'il échappe à un jugement. Toute ressource est pour lui dans l'importance des révélations qu'il peut faire.

J'ai l'honneur, etc. *Signé :* Charles DESUTTES, *prévôt.*

Lyon, le 24 septembre 1817.

N° 5.

Je soussigné docteur en médecine de l'université de Montpellier, déclare que le vingt-six avril mil huit cent dix-huit,

Je fus appelé à donner des soins à Moulin Jean-Claude pour des contusions et blessures graves qu'il venait de recevoir en luttant contre la force armée, envoyée pour procéder à son arrestation.

Je fis le premier pansement dans le premier corps-de-garde où il fut d'abord déposé, et le second, le jour suivant, dans la prison de Roanne, où il avait été écroué. Les soins ultérieurs lui furent administrés par le médecin de cette maison d'arrêt, au sortir de laquelle il est venu plusieurs fois me consulter pour des vertiges et éblouissemens qui dépendaient tant des contusions et blessures reçues sur la tête, que de l'affection morale occasionée par les poursuites judiciaires, en matière criminelle, dirigées contre lui.

En foi de quoi j'ai donné le présent pour rendre hommage à la vérité et valoir ce que de droit. Lyon, le 5 novemhre 1831.

Signé : Chinard, *médecin.*

Le maire de Lyon certifie sincère la signature de M. le docteur Chinard. Lyon, le 7 novembre 1831.

Signé : Vachon-Imbert, *adjoint municipal.*

Vu à la Préfecture du Rhône, pour la légalisation de la signature de M. Vachon-Imbert, conseiller municipal. Lyon, le 7 novembre 1831. Pour le Préfet, le secrétaire-général délégué,

Signé : Alexandre.

N° 6.

Extrait des registres du greffe de la maison d'arrêt et de justice dite de Roanne, à Lyon.

Le 26 avril mil huit cent dix-huit, le nommé Jean-Claude Moulin, actuellement âgé de quarante-huit ans, marchand de vin, né et domicilié à St-Genis-Laval (Rhône), a été écroué à la maison d'arrêt de Roanne, en vertu d'un ordre de M. le lieutenant-général de police, comme prévenu d'avoir pris part à l'insurrection du huit juin mil huit cent dix-sept. — Par arrêt de la Cour royale, en date du neuf octobre mil huit cent dix-huit, le susdit a été mis en liberté.

Le six novembre mil huit cent dix-huit, le susdit a été écroué de nouveau, en vertu d'un ordre de M. le procureur-général, comme impliqué dans les événemens du huit juin mil huit cent dix-sept.

Et par arrêt de la Cour royale, chambre d'accusation, en date du vingt-huit novembre mil huit cent dix-huit, ledit sieur Moulin a été mis en liberté.

Fait au greffe de la geôle de la susdite prison, à Lyon, le 3 novembre 1831. *Signé :* Fombonne, *greffier.*

Vu par nous juges au tribunal civil de Lyon, pour M. le président empêché, pour la légalisation de la signature du sieur Fombonne, en la qualité qu'il a prise.

Lyon, le 3 novembre 1831.

Signé : Favre, et Maltrait, *juges.*

N° 7.

Réponse de M. Courvoisier, du 2 *septembre* 1818.

La procédure instruite contre Moulin a été envoyée à Paris pour un supplément d'information, en vertu d'un arrêt de la Cour royale, chambre des mises en accusation. Le ministère public près la Cour est dessaisi jusqu'au renvoi de la procédure. Le prévenu peut recourir à la justice de M.gr le garde-des-seaux s'il pense que le juge d'instruction près le tribunal de la Seine, se rende coupable de lenteur.

Signé : COURVOISIER.

N° 8.

Extrait des minutes du greffe de la Cour royale de Lyon.

Cejourd'hui huit octobre mil huit cent dix-huit, nous Antoine-Morand de Jouffrey, chevalier, conseiller à la Cour royale de Lyon, chevalier de la Légion-d'Honneur et de l'ordre royal, délégué par arrêt rendu par ladite Cour, Chambre d'accusation, le 21 juillet dernier, pour procéder à une nouvelle information contre Jean-Claude Moulin, prévenu d'être complice d'un complot qui a eu lieu à Lyon, le 8 juin 1817, tendant à changer ou à détruire le gouvernement, à porter le meurtre, le pillage, la dévastation, dans une ou plusieurs communes du département du Rhône, avons fait extraire de la maison d'arrêt de Roanne ledit Moulin, et traduire pardevant nous, et l'avons interrogé, assisté du sieur Vincent, commis-greffier, ainsi qu'il suit :

D. Vos noms, prénoms, âge, état, profession, demeure et lieu de naissance ?

R. Jean-Claude Moulin, âgé de 35 ans, propriétaire à St-Genis-Laval, conducteur des cabriolets des frères Chenaud en 1817, desservant la route de Paris à Lyon.

Lecture faite audit Moulin de l'interrogatoire qu'il a subi le 18 juin 1818 devant M. Balleidier, juge-d'instruction près le Tribunal de première instance de Lyon, lequel a déclaré y persister, nous lui avons observé que si Oudin ne l'avait accusé que pour se venger d'une querelle qu'il avait eue avec lui dans un cabaret, il résultait également des déclarations de Volozan, de Teysson et de Barbier qu'il était venu plusieurs fois au comité réuni chez Loison, traiteur; qu'il y apportait des nouvelles de Paris; qu'il annonçait qu'il avait vu madame de Lavalette, et deux généraux ; qu'il racontait qu'il avait dit à ces généraux qu'en ne se mettant pas en avant ils compromettaient la ville de Lyon; qu'ils lui avaient répondu que les choses n'étaient pas assez avancées pour qu'ils se montrassent ; qu'il ajouta que madame de Lavalette lui avait elle-même dit qu'il ne fallait pas compter sur les généraux, que les uns étaient trop âgés, et les autres trop fortunés et voulaient se tenir derrière le rideau, et qu'on ne pouvait se dissimuler, que de fortes charges existaient contre lui de l'ensemble de ces dépositions.

R. Que quant à Oudin, il l'a connu à Saint-Genis, mais qu'en faisant une déclaration fausse contre lui, il a cherché à se venger à raison d'une querelle assez vive qu'ils avaient eue ensemble ; il persiste à soutenir que tous ces faits qui ont été aussi déclarés par Volozan, Teysson et Barbier sont également faux, et qu'il n'a jamais connu aucun de ces trois individus.

A lui demandé s'il connaît Jean-François Bauchut, ferblantier à Paris, s'il n'est pas allé plusieurs fois chez lui pendant qu'il conduisait les voitures des sieurs Chenaud, et s'il ne s'est pas trouvé avec lui et d'autres particuliers dans un estaminet rue Chabanet.

R. Qu'il connaît Jean-François Bauchut, qui est de Saint-Genis-Laval, qu'il est allé plusieurs fois chez lui, à Paris, mais ne l'a jamais chargé de le mettre en rapport avec d'autres personnes, ne lui a jamais parlé d'affaires et ne l'a vu que comme ami et à raison des commissions dont il l'avait chargé; il soutient n'être jamais allé avec lui dans un café de la rue Chabanet, et prétend même ne pas connaître cette rue; qu'il est allé avec Bauchut chez un restaurateur nommé Macherat, rue Jean-Jacques-Rousseau, chez lequel il logeait.

A lui demandé s'il connaît le major Monge et les nommés Villars et Darasse avec lesquels il s'est réuni dans la rue de Chabanet, avec Jean-François Bauchut.

R. Ne connaître en aucune manière ces individus, n'avoir jamais eu des rapports avec eux, et persiste à soutenir que jamais il n'est allé boire avec Bauchut dans le café de la rue Chabanet. Lecture faite audit Moulin de cet interrogatoire, a dit ses réponses contenir vérité, y persister, et a signé avec nous et notre greffier.

Ainsi signé, MOULIN, MORAND de JOUFFREY, et VINCENT, *commis-greffier.*

Aujourd'hui neuf octobre mil huit cent dix-huit, la chambre de mise en accusation à la Cour royale de Lyon, réunie en la chambre du conseil et composée de Messieurs de Bastard d'Estang, premier président, Béreaud, Regnier, le chevalier Morand de Jouffrey et Denamps, tous conseillers de Sa Majesté à ladite Cour,

A entendu le rapport fait par M. de Chantelauze, avocat-général, sur la procédure instruite au tribunal civil et correctionnel de Lyon, contre Jean-Claude Moulin, propriétaire à St-Genis, et conducteur des cabriolets des frères Chenaud, desservant la route de Paris à Lyon, prévenu de complicité dans le complot qui a éclaté à Lyon, le huit juin 1817.

Le greffier a donné lecture de toutes les pièces de la procédure qui ont été laissées sur le bureau.

M. l'avocat-général a conclu à la mise en liberté dudit Moulin.

M. l'avocat-général s'est retiré ainsi que le greffier. Messieurs composant la chambre d'accusation ont délibéré entre eux sans désemparer et sans communiquer avec personne; ils ont ensuite fait appeler MM. le substitut et le greffier, lesquels étant rentrés et les portes refermées, ils ont rendu l'arrêt suivant:

Attendu qu'il ne résulte pas des pièces de la procédure des indices suffisans pour motiver la mise en accusation de Jean-Claude Moulin;

La Cour dit et prononce qu'il n'y a lieu à accusation contre Jean-Claude Moulin, ordonne en conséquence qu'il soit, sur le vu du présent arrêt, mis en liberté, s'il n'est retenu pour autre cause.

Fait et prononcé à Lyon, les jours, mois, an et lieu susdits, et ont messieurs les premier président et conseillers, signé.

Ainsi signé, Bastard-d'Estang, Bereaud, Morand de Jouffrey, Regnier, Denamps.

N° 9.

Aujourd'hui neuf novembre mil huit cent dix-huit, nous Bastard d'Estang, premier président à la Cour royale de Lyon, délégué par arrêt rendu par la chambre d'accusation, à la date de ce jour, pour procéder à une nouvelle information contre Jean-Claude Moulin, prévenu d'être complice d'un complot qui a eu lieu à Lyon, le 8 juin mil huit cent dix-sept, tendant à changer ou à détruire le gouvernement royal, avons fait extraire de la maison d'arrêt de Roanne ledit Moulin, et traduire pardevant nous, et l'avons interrogé, assisté du sieur Vincent, commis-greffier, ainsi qu'il suit.

D. Vos noms, prénoms, âge, état, profession, demeure, et lieu de naissance.

R. Jean-Claude Moulin, âgé de trente-cinq ans, propriétaire à Saint-Genis-Laval, conducteur des cabriolets des frères Chenaud, en 1817, desservant la route de Paris à Lyon.

A lui demandé quelles sont les personnes avec lesquelles il a parlé, venant de Lyon à Saint-Genis-Laval, le 8 juin 1817, à 8 heures du matin.

A répondu qu'il ne s'était arrêté chez personne et qu'il était allé directement chez lui.

A lui demandé s'il n'a pas demandé à la fille Bertholat si son père était ou n'était pas chez lui.

A répondu qu'il ne lui avait point parlé, que Bertholat était sur sa porte, et que sans s'arrêter, ils s'étaient dit bonjour. Ajoutant qu'il n'était point entré dans la maison de Bertholat, non plus que dans son jardin, où par conséquent il n'avait pu être conduit par la fille de Bertholat.

A lui demandé s'il a vu madame de Lavalette dernièrement à Lyon.

A répondu qu'il ne connaissait point madame de Lavalette et ne l'avait point vue, qu'un individu qu'il ne connaît pas était venu chez sa sœur pour l'engager, lui Moulin, à aller voir cette dame qui, disait-il, voulait lui parler; que le lendemain, deux autres individus qu'il n'a pas plus vus que le premier, étaient de même venus chez sa sœur pour l'engager à aller voir madame de Lavalette, qu'il s'y était refusé.

Signé : MOULIN, BASTARD-D'ESTANG et VINCENT, *commis-greffier.*

Ayant fait entrer Bertholat, il a, en présence de Moulin, dit les faits contenus dans sa déclaration du vingt-un octobre mil huit cent dix-huit, faite devant M. le juge instructeur de Lyon; et Moulin a en sa présence nié tous ces faits, et ont, lesdits Moulin et Bertholat, signé avec nous, et le greffier, après lecture faite.

Ainsi signé, BERTHOLAT, MOULIN, BASTARD-D'ESTANG et VINCENT, *commis-greffier.*

A lui demandé s'il connaît le nommé Raymond.

A répondu qu'il le connaît depuis long-temps.

A lui demandé si certain jour où il lui a porté un fromage de brie, il ne lui a pas parlé d'une grande révolution qui devait avoir lieu et qu'il connaissait, puisque c'était lui qui portait la correspondance de Paris à Lyon.

A répondu qu'il n'avait pu donner aucun détail à Raymond, puisqu'il ne savait rien.

A lui demandé s'il n'a pas vu Raymond depuis les événemens de juin, et s'il ne lui a pas dit qu'on l'avait fait appeler dans plusieurs endroits, mais qu'on ne saurait jamais rien de lui?

A répondu qu'il était vrai qu'ayant rencontré la femme de Raymond, celle-ci l'avait engagée à voir son mari; qu'il l'avait vu, mais qu'il ne lui avait point dit qu'on ne saurait jamais rien de lui. *Signé :* MOULIN, BASTARD-D'ESTANG, et VINCENT, *commis-greffier.*

Ayant fait entrer le nommé Raymond, il a dit qu'il avait vu Moulin long-temps avant les événemens du huit juin, que depuis ce temps il a vu Moulin dans sa retraite qui lui avait dit avoir été interrogé plusieurs fois, mais qu'on ne saurait jamais rien de lui.

Moulin a répondu que le fait était vrai, et que la raison qui lui avait fait dire qu'il ne saurait rien, était que dans le fait il ne savait rien.

Raymond a ajouté que sa femme lui avait dit que le jour où Moulin leur apporta un fromage de brie, il lui avait annoncé une révolution prochaine, et que sur les doutes qu'elle avait manifestés, Moulin avait ajouté: C'est moi qui conduis cela depuis long-temps; je suis autorisé des premiers chefs de Lyon, et je sais tout ce qui se passe depuis Paris jusqu'à Lyon.

Moulin confronté avec Raymond a nié avoir tenu pareil discours à la femme Raymond. Lecture faite auxdits Raymond et Moulin, lesquels ont signé avec nous et le greffier.

Ainsi signé, Raymond, Moulin, Bastard-d'Estang et Vincent, *commis-greffier.*

Aujourd'hui vingt-huit novembre mil huit cent dix-huit,

La chambre des mises en accusation à la Cour royale de Lyon, réunie en la chambre du conseil et composée de MM. Bastard-d'Estang, premier président, Dubost, doyen, de Mongenet, Dian et Olagnon, tous conseillers à la Cour royale de Lyon,

A entendu le rapport fait par M. Chantelause, avocat-général, sur la nouvelle procédure instruite contre Jean-Claude Moulin, propriétaire à St-Genis, ex-conducteur des cabriolets des frères Chenaud en 1817, desservant la route de Paris à Lyon, prévenu d'être complice d'un complot qui a eu lieu à Lyon et dans plusieurs communes environnantes, le huit juin mil huit cent dix-sept, tendant à changer ou à détruire le gouvernement royal et légitime.

Le greffier a donné lecture de toutes les pièces de la procédure qui ont été laissées sur le bureau;

M. l'avocat-général a conclu à ce que ledit Moulin soit mis en liberté, attendu que les nouvelles charges n'étaient pas suffisantes pour motiver sa mise en accusation.

M. l'avocat-général s'est retiré ainsi que le greffier. MM. composant la chambre ont délibéré entre eux saus désemparer et sans communiquer avec personne; ils ont ensuite fait appeler MM. l'avocat-général et le greffier, lesquels étant rentrés et les portes refermées, ils ont rendu l'arrêt suivant :

Attendu que de l'ancienne procédure et de la nouvelle instruction, à laquelle il a été procédé, il ne résulte pas des indices suffisans pour motiver la mise en accusation de Jean-Claude Moulin,

La Cour dit et prononce qu'il n'y a lieu à accusation contre Jean-Claude Moulin, ordonne en conséquence qu'il soit, sur le vu du présent arrêt, mis en liberté s'il n'est retenu pour autre cause, et sans prétendre par le présent arrêt nuire aux droits des parties lésées qui pourront se pourvoir comme elles le jugeront convenable.

Fait et prononcé à Lyon, les jours, mois et lieu susdits, et ont MM. les premier président et conseillers, signé :

Ainsi signé, BASTARD-D'ESTANG, DUBOST, DEMONTGENET, DIAN et OLAGNON.

Pour copie conforme délivrée à M. le procureur-général sur sa réquisition. *Signé*, CINIER, *greffier*.

Vu par nous le premier des présidens de Chambre à la Cour royale de Lyon, en l'absence de M. le premier président, pour légalisation de la signature ci-dessus apposée de M. Cinier, en qualité par lui prise. Lyon, le 5 novembre 1831.

Signé : ACHARD-JAMES, pour le premier président absent.

N° 10.

N° 2149.

Paris, le 3 février 1832.

COMMISSION DES CONDAMNÉS POUR DÉLITS POLITIQUES,

A M. Moulin Jean-Claude, à St-Genis-Laval (Rhône).

MONSIEUR,

La commission a reçu dans son temps le dossier que vous lui avez adressé, et si vous avez attendu si long-temps le résultat de sa décision à votre égard, c'est que suivant votre désir elle a eu à examiner non-seulement si vous pouviez être reconnu ou considéré comme condamné pour cause politique, mais encore elle a eu à prendre des informations sur votre conduite lors de la conspiration de Lyon, en juin 1817; et postérieurement à cet événement.

Quant à la première question elle ne pouvait être résolue qu'affirmativement, votre dossier est complet et régulier; vous êtes considéré comme condamné pour cause politique ;

Quant à la seconde, la commission à examiné avec soin vos interrogatoires, elle a écrit à Lyon pour obtenir des informations; et du tout, il lui est resté démontré que loin d'avoir dénoncé vos amis et vos coaccusés, ainsi qu'on vous l'a imputé calomnieusement, vous vous êtes conduit avec honneur et courage, et que ce n'est qu'à votre fermeté que les citoyens qui vous avaient donné leur confiance, et vous-même, avez échappés à l'échafaud.

Veuillez agréer nos salutations empressées.

Les membres actuels du bureau, le président, *signé :* DUVERGIER. BRISSAUT, *archiviste*. VIAL, *membre*.

www.ingramcontent.com/pod-product-compliance
Ingram Content Group UK Ltd.
Pitfield, Milton Keynes, MK11 3LW, UK
UKHW012306240726
13966UKWH00004B/1683